Romy Fischer

Häkelvirus 5

Romy Fischer

Häkelvirus 5

Mehr Informationen, YouTube-Kanal, Crazypatterns etc. auf:
www.romyfischer.de
www.facebook.com/romyfischerarts
www.twitter.com/RomyFischerArts
www.youtube.com/user/romyfischer/featured
www.crazypatterns.net/de/store/RomyFischer

Bibliographische Information Der Deutschen Bibliothek
Die Deutsche Bibliothek verzeichnet diese Publikation in der Deutschen
Nationalbibliographie; detaillierte bibliographische Daten sind im Internet über
http://dnb.ddb.de abrufbar

Bibliographic information published by Die Deutsche Bibliothek. Die Deutsche Bibliothek
lists this publication in the Deutsche Nationalbibliographie; detailed bibliographic data are
available in the Internet at
http://dnb.ddb.de

Romy Fischer
Häkelvirus 5
ISBN 978-3741261572
Alle Rechte bei der Autorin.
Copyright Fotos Cover & im Innenteil © Romy Fischer
Juni 2019

Die in diesem Buch gemachten Angaben wurden sorgfältig überprüft. Es kann jedoch keine
Garantie oder Haftung für ihre Richtigkeit übernommen werden.

Herstellung und Verlag: BoD - Books on Demand, Norderstedt
Dieses Buch wurde im On-Demand-Verfahren hergestellt.

Inhalt:

Abkürzungen & Bezugsquellen – Seite 6

Tuch Halbstern – Seite 9

Handschuhe Fäustlinge – Seite 12

Dreieckstuch Catwalk – Seite 19

Süßes Häschen – Seite 26

Ballonmütze mit Schirm – Seite 30

Schnorchel-Vieh – Seite 33

Rock Missy – Seite 39

Shirt/Kleid – Seite 43

Handtuchhalter – Seite 48

Nelkenstrauß – Seite 51

Weitere Bücher – Seite 53

Über mich – Seite 54

Abkürzungen & Bezugsquellen

Mit Bobbeln zu arbeiten ist etwas ganz besonderes. Viele Handarbeiterinnen haben bereits unglaublich schöne Modelle daraus gezaubert. Egal ob Halstücher, Loops, Seelenwärmer, Mützen, Kleider und, und, und... Es gibt unfassbar viele Möglichkeiten, seiner Kreativität freien Lauf zu lassen – ob gestrickt oder gehäkelt, es ist (fast) alles möglich. Bobbel gibt es in unterschiedlichen Farbverläufen, mit unterschiedlich vielen Farben, Lauflängen, 3-fädig, 4-fädig, 5-fädig, oder 6-fädig. Und dementsprechend gibt es unzählige Möglichkeiten, sie zu verarbeiten.
In diesem Buch stelle ich ein paar Modelle vor, die man wunderbar nacharbeiten kann – ob für Anfänger oder Fortgeschrittene. Einige Häkelmodelle sind auch mit Häkelschrift versehen.
Bezugsquellen der jeweils verwendeten Bobbel habe ich in der jeweiligen Materialbeschreibung hinterlegt.

Folgende Abkürzungen findest du in diesem Buch mit folgenden Bedeutungen bei Häkelmodellen:

M = Masche
R = Reihe
Rd = Runde (die Modelle in diesem Buch werden in Spiralrunden gehäkelt)
LM = Luftmasche
W-LM = Wendeluftmasche
fM = feste Masche
DM = doppelte Masche (2 Maschen in 1 Masche häkeln)
hStb = halbes Stäbchen
Stb = Stäbchen
DStb = doppeltes Stäbchen
DrStb = Dreifachstäbchen
KM = Kettmasche
2M zus.abgem. = 2 Maschen zusammen abgemascht
M-Glied = Maschenglied
Wdh = wiederholen
Überspr = überspringen

Eine Naht, die ich bei einigen Modellen verwendet habe, machst du wie folgt:

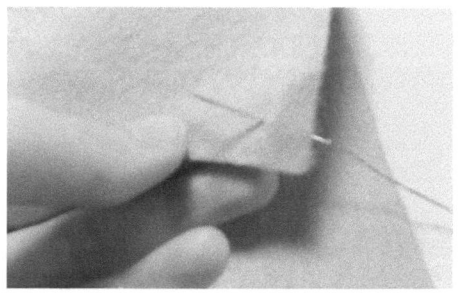 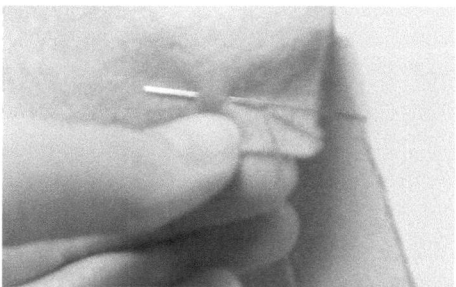

Von unten einstechen und den Faden durchziehen (Abb. 1). Wenige Millimeter daneben einstechen, wieder ausstechen und den Faden wieder durchziehen (Abb. 2).

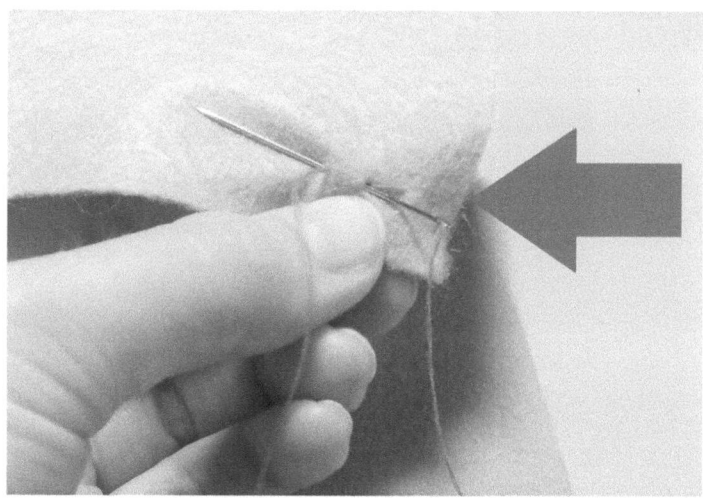

Es entsteht eine Lücke. Um diese Lücke zu schließen, mit der Nadel zurückgehen und dort wieder einstechen, wo du im vorherigen Schritt eingestochen hast. Und du stichst auch dort wieder aus, wo du im vorherigen

Schritt ausgestochen hast – quasi diesen Schritt wiederholen. Dann wiederholst du ab Abb. 2 immer wieder diese beiden Schritte.

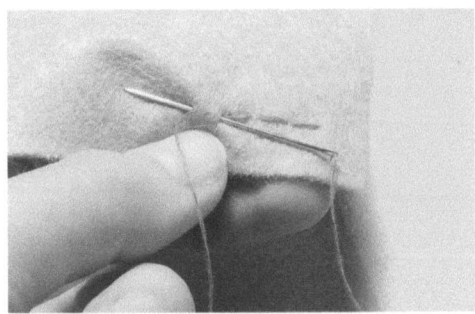

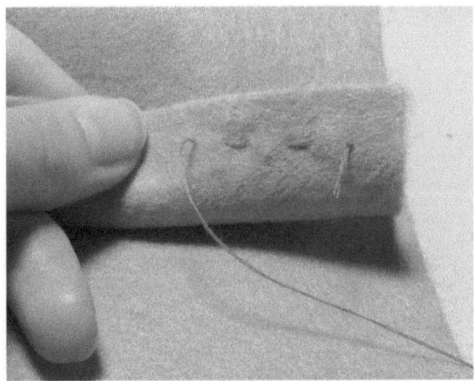

So sieht die Naht von innen/hinten aus.

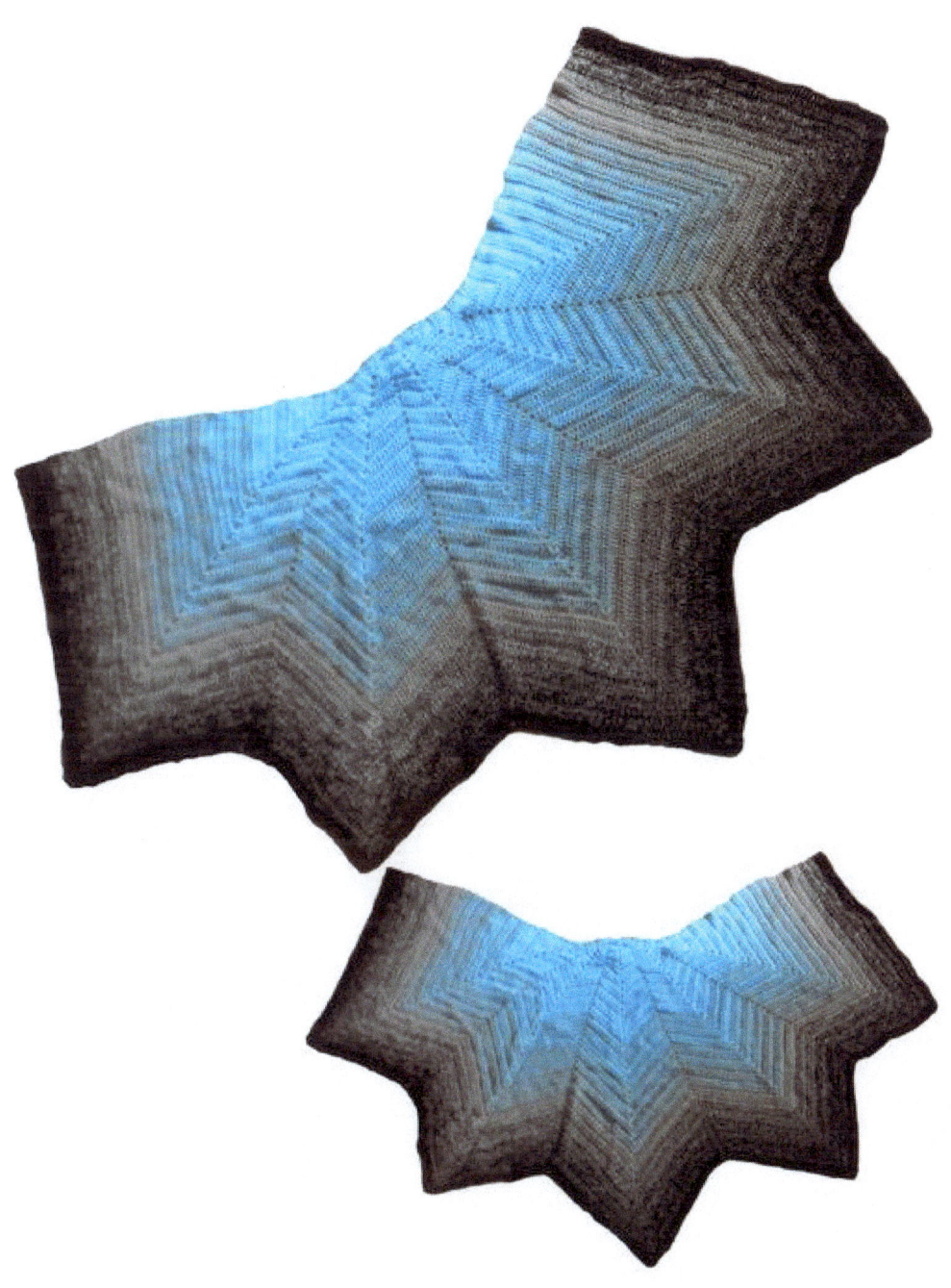

Tuch Halbstern

Material:

- 1 Bobbel „Peppermint" (von Regenbogen/Rellana; Nr. 14) ca. 800m/200g – diesen Bobbel und viele weitere in großer Auswahl sind erhältlich in meinem Shop auf www.romyfischer.de
- Häkelnadel 4,0
- Schere und Wollnadel/Vernähnadel

Größe: 112cm Breite, 55cm Höhe

Das Tuch wird von oben/Mitte aus nach unten in Reihen gehäkelt.

R 1: 3LM (zählt als 1. Stb) in einen Fadenring häkeln + 9Stb

R 2: 3LM (zählt als 1. Stb) + 1Stb in die gleiche M, 1Stb, 2LM, 1Stb, 2Stn in 1M, 1Stb, 2LM, 1Stb, 2Stb in 1M, 1Stb, 2LM, 1Stb, 2Stb in 1M

R 3: 3LM, 2Stb, (in den nächsten LM-Bogen: 1Stb + 2LM + 1Stb), 4Stb, (in den nächsten LM-Bogen: 1Stb + 2LM + 1Stb), 4Stb, (in den nächsten LM-Bogen: 1Stb + 2LM + 1Stb), 3Stb

R 4: 3LM, 3Stb, (in den nächsten LM-Bogen: 1Stb + 2LM + 1Stb), 6Stb, (in den nächsten LM-Bogen: 1Stb + 2LM +1Stb), 6Stb, (in den nächsten LM-Bogen: 1Stb + 2LM + 1Stb), 4Stb

R 5: 3LM, 4Stb, (in den nächsten LM-Bogen: 1Stb + 2LM + 1Stb), 3Stb, 2M überspr, 3Stb, (in den nächsten LM-Bogen: 1Stb + 2LM + 1Stb), 3Stb, 2M überspr, 3Stb, (in den nächsten LM-Bogen: 1Stb + 2LM + 1Stb), 5Stb

R 6: 3LM, 5Stb, (in den nächsten LM-Bogen: 2Stb + 2LM + 2Stb), 3Stb, 2M überspr, 3Stb, (in den nächsten LM-Bogen: 2Stb + 2LM + 2Stb), 3Stb, 2M überspr, 3Stb, (in den nächsten LM-Bogen: 2Stb + 2LM + 2Stb), 6Stb

R 7: 3LM, 2Stb, (in 1M: 1Stb + 2LM + 1Stb), 4Stb, (in den nächsten LM-Bogen: 2Stb + 2LM + 2Stb), 4Stb, 2M überspr, 4Stb, (in den nächsten LM-Bogen: 2Stb + 2LM + 2Stb), 4Stb, 2M überspr, 4Stb, (in den nächsten LM-Bogen: 2Stb + 2LM + 2Stb), 4Stb, (in 1M: 1Stb + 2LM + 1Stb), 3Stb

R 8: 3LM, 3Stb, (in den nächsten LM-Bogen: 2Stb + 2LM + 2Stb), 3Stb, 1M überspr, 3Stb, (in den nächsten LM-Bogen: 2Stb + 2LM + 2Stb), 5Stb, 2M überspr, 5Stb, (in den nächsten LM-Bogen: 2Stb + 2LM + 2Stb), 5Stb, 2M überspr, 5Stb, (in den nächsten LM-Bogen: 2Stb + 2LM + 2Stb), 3Stb, 1M überspr, 3Stb, (in den nächsten LM-Bogen: 2Stb + 2LM + 2Stb), 4Stb

R 9: 3LM, 5Stb, (in den nächsten LM-Bogen: 2Stb + 2LM + 2Stb), 4Stb, 2M überspr, 4Stb, (in den nächsten LM-Bogen: 2Stb + 2LM + 2Stb), 6Stb, 2M überspr, 6Stb, (in den nächsten LM-Bogen: 2Stb + 2LM + 2Stb), 6Stb, 2M überspr, 6Stb, (in den nächsten LM-Bogen: 2Stb + 2LM + 2Stb), 4stb, 2M überspr, 4Stb, (in den nächsten LM-Bogen: 2Stb + 2LM + 2Stb), 6Stb

R 10 (und alle weiteren R): von jetzt an wird in jeder R nur die Anzahl der Stb verändert. In jeden LM-Bogen wird stets „2Stb + 2LM + 2Stb" gehäkelt und immer die 2M unten an der Zacke bzw. „im Tal" überspr.

Handschuhe Fäustlinge

Material:

- 1 Twin-Bobbel „grau-flieder-lila" Flotte Socke (von Regenbogen/Rellana, Farbnr. 1393; 100g/420m; erhältlich über meinen Shop auf www.romyfischer.de)
- Häkelnadel 3,5
- Schere und Wollnadel

Die Handschuhe kannst du für jede beliebige Größe häkeln, egal ob für kleine Kinder, für Damen oder für Herren. Während des Häkelns kannst du jederzeit prüfen, ob du sie passend erarbeitest, indem du sie immer mal wieder überziehen kannst. Falls etwas nicht stimmig ist, kannst du sie jederzeit größer oder wahlweise kleiner machen.
Solltest du sie für jemanden häkeln, der nicht jederzeit zum Anprobieren anwesend ist, so kannst du seine/ihre Hand auf Fotokarton aufzeichnen (einfach nur die Umrisse der großen Finger zusammen umzeichnen, sowie den Daumen und einen Teil des Handgelenks), ausschneiden und dies als Muster verwenden.

Wenn du Handschuhe (Fäustlinge) mit Bobbel häkelst, beginnst du immer bei dem Daumen.
Hierfür einen Fadenring machen und 2LM häkeln. In den Fadenring werden daraufhin 11hStb gehäkelt (bei Kinderhänden ggf. nur 8hStb) und mit 1KM zur Rd schließen. Bei Erwachsenenhänden sollten in der zweiten Rd evtl. noch 1-3M zugenommen werden. Dies hängt davon ab, wie dick der Daumen ist. Da ich sehr schmale und dünne Finger habe, bin ich für mein Modell ohne weitere Zunahmen ausgekommen. Zunahmen häkelt man, indem man 2hStb in 1M häkelt.
Ansonsten wird jede Rd mit 2LM begonnen (als Ersatz für das 1. hStb), durchgehend hStb gehäkelt, und mit 1KM in die 2. LM vom Anfang zur Rd wieder geschlossen.

Der Daumen wird nie direkt bis in die Falte bzw. den Übergang zur Hand gehäkelt, sondern immer ca. 1cm vorher abgemascht (1LM häkeln, Faden abschneiden, durchziehen, Faden fest anziehen, fertig).

Die Faust wird ebenfalls mit einem Fadenring begonnen, mit 2LM und 8hStb, sowie 1KM in die 2. LM vom Anfang (9M).

Rd 2: 2LM (zählt als 1. hStb), 1hStb in die gleiche M, 8x (1hStb, 1M zun = 2hStb in die gleiche M), 1KM in die 2. LM vom Anfang (18M)

Rd 3: 2LM (zählt als 1. hStb), 1 hStb, 1M zun, 8x (2hStb, 1M zun), 1KM in die 2. LM vom Anfang (27M)

Rd 4: 2LM (zählt als 1. hStb), 2hStb, 1M zun, 8x (3hStb, 1M zun), 1KM in die 2.LM vom Anfang (36M)

Wie viele Zunahmerunden du benötigst, ist abhängig von der Größe bzw. der Breite deiner Hand. Dies musst du abmessen, indem du deine Finger zusammendrückst und den Anfang drüberlegst. Es sollte nicht zu locker und auch nicht zu fest sein. Wichtig ist jedoch, dass die Finger bei dieser Art von Anprobe zusammen und nicht auseinander sind, da der Handschuh dann tatsächlich zu locker werden wird.

Hast du die passende Größe erreicht, häkelst du keine weiteren Zunahmerunden mehr, sondern ganz einfach die Maschenanzahl, die du bis dorthin erreicht hast. Jede Runde wird immer mit 2LM begonnen, durchgehend hStb, und beendet wird jede Runde mit 1KM in die 2. LM vom Anfang.

Auch der Faustteil wird nicht bis ganz nach unten gehäkelt, bis die übrigen Finger auf den Daumen treffen, sondern auch hier wird ca. 1cm vorher gestoppt, jedoch nicht abgemascht. Der Arbeitsfaden bleibt an dem Faustteil dran. Denn nun wird er mit dem Daumen verbunden.

Merke dir hierfür noch einmal ganz genau die Maschenanzahl vom Daumen und von der Faust (notfalls lieber nochmal nachzählen, denn diese Zahlen sind wichtig für den späteren Verlauf).

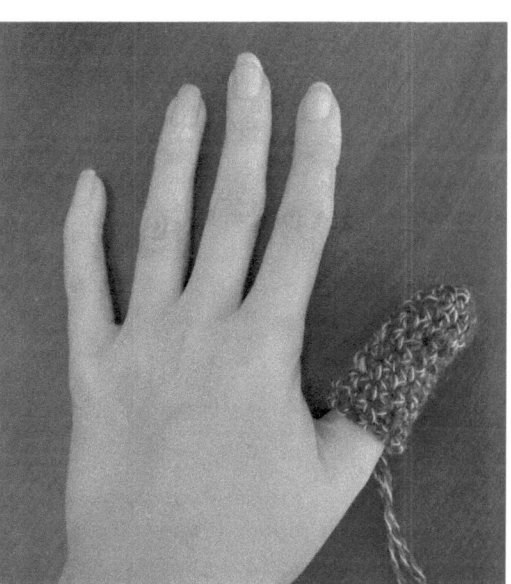

Die Verbindung geschieht über 2hStb, die zusammen abgemascht werden, also eine Abnahme. Du beginnst die Rd mit 2LM und häkelst dann für die Verbindung 1hStb im Faustteil, maschst es aber nicht ab (du hast somit 3M auf der Nadel). Dann nimmst du den Daumen und häkelst dort 1hStb an beliebiger Stelle, welches du auch nicht abmaschst (jetzt hast du 5M auf der Nadel), zumindest nicht einzeln, denn jetzt maschst du alle 5M auf einmal ab.
Im nächsten Schritt häkelst du hStb einmal um den ganzen Daumen herum, bis auf die letzte M. Hier häkelst du wieder eine Verbindung, indem du 2hStb zusammen abmaschst (die letzte M im Daumen und die nächste freie M am Faustteil).

In jeder Abnahmerunde werden je 2M vom Daumen und vom Faustteil abgemascht-immer wieder an der gleichen Stelle in jeder weiteren Runde. Wie viele Runden du diese Abnahmen für die Verbindung benötigst, ist abhängig von der Maschenanzahl vom Daumen. Hat dein Daumen z.B. 12M, benötigst du insgesamt 6 Abnahmerunden.
Du musst am Ende der Abnahmerunden wieder auf die gleiche Maschenzahl insgesamt kommen, die dein Faustteil vor der Verbindung alleine für sich hatte.

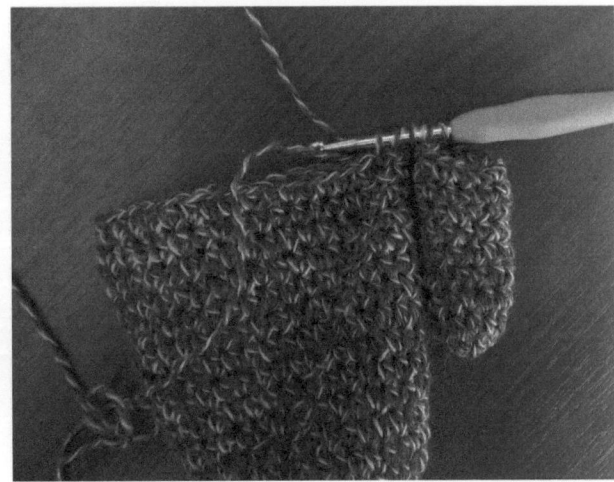

Es kann im Einzelfall bei sehr schmalen Handgelenken dazu kommen, dass du in der darauffolgenden Runde noch einmal weitere 1-3M abnehmen musst. Dies müsstest du mittels einer Anprobe austesten.

Hast du alle Abnahmerunden fertig gehäkelt, arbeitest du noch weitere 8-10 Runden ohne weitere Abnahmen, also wieder mit 2LM beginnen, hStb die komplette Rd, und mit 1KM in die 2. LM vom Anfang schließen.

Nun gehst du ins Bündchen über. Hierfür beginnst du jede Rd mit 3LM (zählt als 1. Stb),dann in jede M 1Stb häkeln und mit 1KM in die 3. KM vom Anfang zur Rd schließen.
Von da an werden in jeder weiteren Rd nur noch Relief-Stb gehäkelt. Jede Rd wird wieder mit 3LM begonnen, und dann immer im Wechsel 1 Relief-Stb vorne,1 Relief-Stb hinten, am Ende der Rd wieder 1KM in die 3. LM.

Ich habe insgesamt 4 Rd mit Relief-Stb für mein Bündchen gehäkelt. Wie hoch dein Bündchen werden soll, bestimmst natürlich du. Du kannst selbstverständlich noch weitere Rd mit Relief-Stb häkeln bzw. so lange, wie der jeweilige Socken-Bobbel ausreicht.

Am Ende dann mit 1KM und 1LM abmaschen, Faden abschneiden, fest anziehen und verknoten und am Ende auf der Innenseite vernähen.

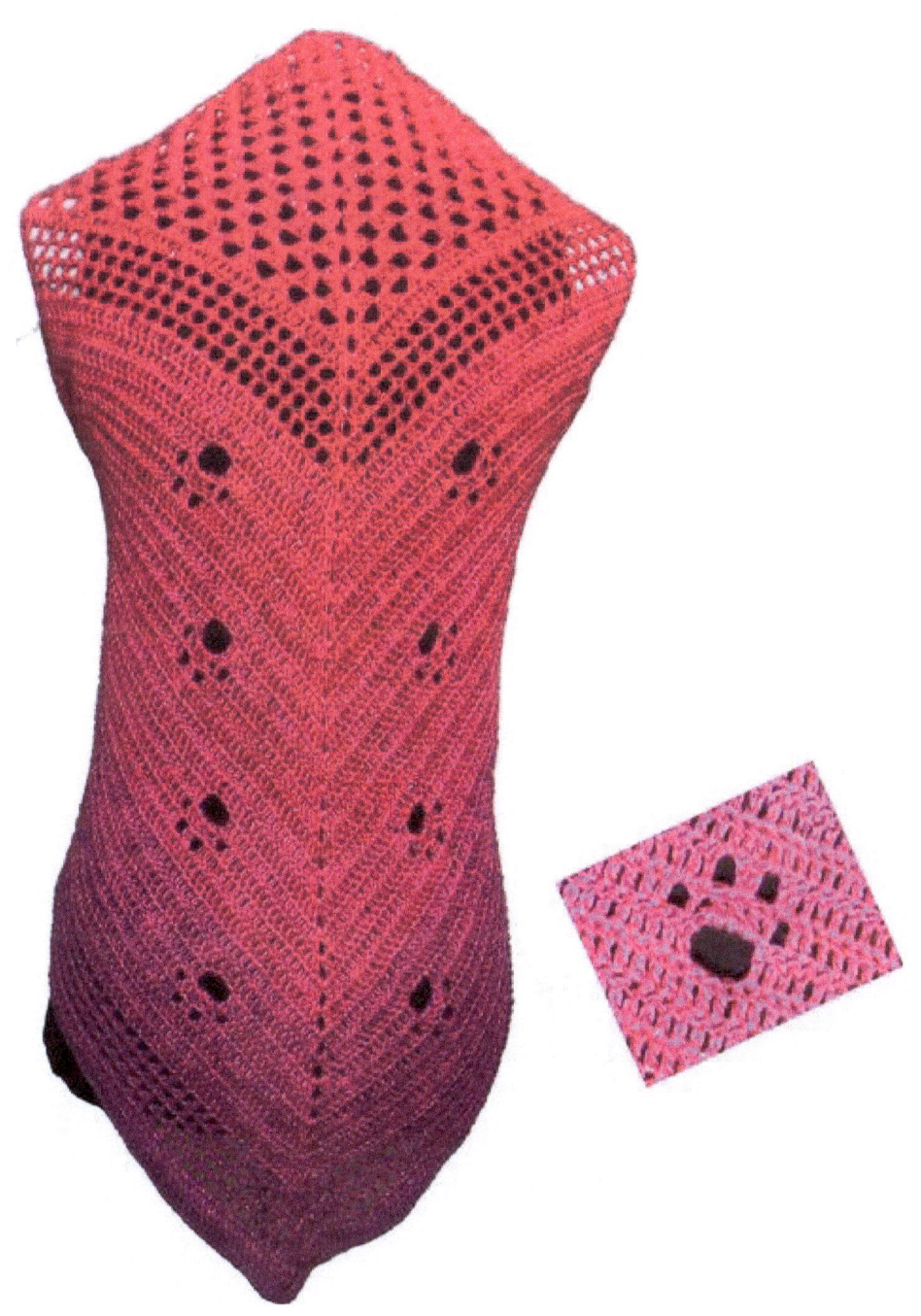

Dreieckstuch Catwalk

Material:

- 1 Bobbel „Magnolie" Metallic (von Regenbogen/Rellana; Farbnr. 117; 200g/760m; erhältlich über meinen Shop auf www.romyfischer.de)
- Häkelnadel 4,0
- Schere und Wollnadel

Größe: 140cm Länge x 75cm Höhe

Das Tuch wird in Reihen gehäkelt, von oben nach unten.

Du beginnst damit, 4LM zu häkeln und diese mit 1KM zur Runde zu schließen.

R 1: du beginnst mit 4LM und häkelst daraufhin in diese Runde 3Stb, 2LM, 3Stb, 1LM, 1Stb

R 2: 4LM, in den ersten LM-Bogen 3Stb, 1LM, in den nächsten LM-Bogen 3Stb, 2LM (Spitze), in den gleichen LM-Bogen 3Stb, 1LM, 3Stb in den letzten LM-Bogen, 1LM, 1Stb in den gleichen LM-Bogen

R 3: 4LM, in den ersten LM-Bogen 3Stb, 1LM, 3Stb in den nächsten LM-Bogen, 1LM, 3Stb in den nächsten LM-Bogen, 2LM (Spitze) 3Stb in den gleichen LM-Bogen, 1LM, 3Stb in den nächsten LM-Bogen, 1LM, 3Stb in den letzten LM-Bogen, 1LM, 1Stb in den gleichen LM-Bogen

Und so häkelst du immer weiter – das Tuch wird dadurch immer größer. Du beginnst immer mit 4LM, häkelst immer 3Stb in die LM-Bögen, daraufhin 1LM (an der Spitze 2LM) und endest mit 1LM und 1Stb in den letzten LM-Bogen. Dieses Muster häkelst du bis einschließlich R 15.

R 16: 4LM + 1Stb in den ersten LM-Bogen, dann jeweils 1Stb in jedes Stb der Vorreihe und in jede LM der Vorreihe, Spitze: 2Stb + 2LM + 2Stb, Ende: 1Stb + 1LM + 1Stb in letzten LM-Bogen

R 17: 4LM + 1Stb in den ersten LM-Bogen, *1LM + 1M überspr, 1Stb, ab * wdh, Spitze: 2Stb + 2LM + 2Stb, *1Stb, 1LM + 1M überspr, ab * wdh, Ende: 1LM + 1M überspr, in letzten LM-Bogen 1Stb + 1LM + 1Stb

R 18 + 19 + 20: 4LM + 1Stb in den ersten LM-Bogen, dann in jedes Stb der Vorreihe 1Stb und über jeden LM-Bogen der Vorreihe 1LM häkeln, Spitze: 2Stb + 2LM + 2Stb, Ende: 1Stb + 1LM + 1Stb in letzten LM-Bogen

R 21 + 22 + 23: 4LM + 1Stb in den ersten LM-Bogen, dann jeweils 1Stb in jedes Stb der Vorreihe und in jede LM der Vorreihe, Spitze: 2Stb + 2LM + 2Stb, Ende: 1Stb + 1LM + 1Stb in letzten LM-Bogen

Ab R 24 beginnt das Katzenpfötchenmuster. Hier vorweg die Häkelschrift für die Katzenpfötchen, die in der Textanleitung als komplette Reihe erklärt wird:

• = Luftmasche
+ = Stäbchen
V = 2Stb in 1M
A = 2Stb zus. abgem.

R 24: 4LM + 1Stb in den ersten LM-Bogen, 5Stb, 2x (5LM + 3Stb überspr, 26Stb), 5LM + 3M überspr, 17Stb,
Spitze: 2Stb + 2LM + 2Stb,
17Stb, 5LM + 3M überspr, 2x (26Stb, 5LM, 3M überspr), 5Stb, Ende: 1Stb + 1LM + 1Stb in letzten LM-Bogen

R 25: 4LM + 1Stb in den ersten LM-Bogen, 4Stb, 2x (1LM + 1M überspr, 1Stb, 3Stb in nächsten LM-Bogen, 1Stb, 1LM + 1M überspr, 22Stb), 1LM + 1M überspr, 1Stb, 3Stb in nächsten LM-Bogen, 1Stb, 1LM + 1M überspr, 17 Stb,
Spitze: 2Stb + 2LM + 2Stb,
17Stb, 1LM + 1M überspr, 1Stb, 3Stb in nächsten LM-Bogen, 1Stb, 1LM + 1M überspr, 2x (22Stb, 1LM + 1M überspr, 1Stb, 3Stb in nächsten LM-Bogen, 1Stb, 1LM + 1M überpr), 4Stb, Ende: 1Stb + 1LM + 1Stb in letzten LM-Bogen

R 26: 4LM + 1Stb in ersten LM-Bogen, 7Stb, 3x (1LM + 1M überspr, 2Stb in 1M, 1LM + 1M überspr, 26Stb), 1LM + 1M überspr, 2Stb in 1M, 1LM + 1M überspr, 21Stb,
Spitze: 2Stb + 2LM + 2Stb,
21Stb, 2x (1LM + 1M überspr, 2Stb in 1M, 1LM + 1M überspr, 26Stb), 1LM + 1M überspr, 2Stb in 1M, 1LM + 1M überspr, 7Stb, Ende: 1Stb + 1LM + 1Stb in letzten LM-Bogen

R 27: 4LM + 1Stb in den ersten LM-Bogen, 9Stb, 2x (2Stb zus.abgem., 28Stb), 2Stb zus.abgem., 24Stb,
Spitze: 2Stb + 2LM + 2Stb,
24Stb, 2x (2Stb zus.abgem., 28Stb), 2Stb zus.abgem., 9Stb, Ende: 1Stb + 1LM + 1Stb in letzten LM-Bogen

R 28 + 29: 4LM + 1Stb in den ersten LM-Bogen, durchgehend Stb (je 1Stb in jede M der Vorreihe), Spitze: 2stb + 2LM + 2Stb, Ende: 1Stb + 1LM + 1Stb in letzten LM-Bogen

R 30: 4LM + 1Stb in den ersten LM-Bogen, 24Stb, 2x (5LM + 3M überspr, 26Stb), 5LM + 3M überspr, 16Stb,
Spitze: 2Stb + 2LM + 2Stb,
16Stb, 2x (5LM + 3M überspr, 26Stb), 5LM + 3M überspr, 24Stb, Ende: 1Stb + 1LM + 1Stb in letzten LM-Bogen

R 31: 4LM + 1Stb in den ersten LM-Bogen, 23Stb, 2x (1LM + 1M überspr, 1Stb, 3Stb in nächsten LM-Bogen, 1Stb, 1LM + 1M überspr, 22Stb), 1LM + 1M überspr, 1Stb, 3Stb in nächsten LM-Bogen, 1Stb, 1LM + 1M überspr, 16Stb,
Spitze: 2Stb + 2LM + 2Stb,
16Stb, 2x (1LM + 1M überspr, 1Stb, 3Stb in nächsten LM-Bogen, 1Stb, 1LM + 1M überspr, 22Stb), 1LM + 1M überspr, 1Stb, 3Stb in nächsten LM-Bogen, 1Stb, 1LM + 1M überspr, 23Stb, Ende: 1Stb + 1LM + 1Stb in letzten LM-Bogen

R 32: 4LM + 1Stb in den ersten LM-Bogen, 26Stb, 2x (1LM + 1M überspr, 2Stb in 1M, 1LM + 1M überspr, 26Stb), 1LM + 1M überspr, 2Stb in 1M, 1LM + 1M überspr, 20Stb,
Spitze: 2Stb + 2LM + 2Stb,
20Stb, 3x (1LM + 1M überspr, 2Stb in 1M, 1LM + 1M überspr, 26Stb), Ende: 1Stb + 1LM + 1Stb in letzten LM-Bogen

R 33: 4LM + 1Stb in den ersten LM-Bogen, 28Stb, 2x (2Stb zus.abgem., 28Stb), 2Stb zus.abgem., 23Stb,
Spitze: 2Stb + 2LM + 2Stb,
23Stb, 3x (2Stb zus.abgem., 28Stb), Ende: 1Stb + 1LM + 1Stb in letzten LM-Bogen

R 34 + 35: wie R 28 + 29

R 36: 4LM + 1Stb in den ersten LM-Bogen, 14Stb, 3x (5LM + 3M überspr, 26Stb), 5LM + 3M überspr, 15Stb,
Spitze: 2Stb + 2LM + 2Stb,
15Stb, 3x (5LM + 3M überspr, 26Stb), 5LM + 3M überspr, 14Stb, Ende: 1Stb + 1LM + 1Stb in letzten LM-Bogen

R 37: 4LM + 1Stb in den ersten LM-Bogen, 13Stb, 3x (1LM + 1M überspr, 1Stb, 3Stb in nächsten LM-Bogen, 1Stb, 1LM + 1M überspr, 22Stb), 1LM + 1M überspr, 1Stb, 3Stb in nächsten LM-Bogen, 1Stb, 1LM + 1M überspr, 15Stb,
Spitze: 2Stb + 2LM, 2Stb,
15Stb, 3x (1LM + 1M überspr, 1Stb, 3Stb in nächsten LM-Bogen, 1Stb, 1LM + 1M überspr), 13Stb, Ende: 1Stb + 1LM + 1Stb in letzten LM-Bogen

R 38: 4LM + 1Stb in den ersten LM-Bogen, 16Stb, 3x (1LM + 1M überspr, 2Stb in 1M, 1LM + 1M überspr, 26Stb), 1LM + 1M überspr, 2Stb in 1M, 1LM + 1M überspr, 19Stb,
Spitze: 2Stb + 2LM + 2Stb,
19Stb, 3x (1LM + 1M überspr, 2Stb in 1M, 1LM + 1M überspr), 16Stb, Ende: 1Stb + 1LM + 1Stb in letzten LM-Bogen

R 39: 4LM + 1Stb in den ersten LM-Bogen, 18Stb, 3x (2Stb zus.abgem., 28Stb), 2Stb zus.abgem., 22Stb,
Spitze: 2Stb + 2LM + 2Stb,
22Stb, 3x (2Stb zus.abgem., 28Stb), 2Stb zus.abgem., 18Stb, Ende: 1Stb + 1LM + 1Stb in letzten LM-Bogen

R 40 + 41: wie R 28 + 29

R 42: 4LM + 1Stb in den ersten LM-Bogen, 34Stb, 3x (5LM + 3M überspr, 26Stb), 5LM + 3M überspr, 13Stb,
Spitze: 2Stb + 2LM + 2Stb,
13Stb, 3x (5LM + 3M überspr, 26Stb), 5LM + 3M überspr, 34Stb, Ende: 1Stb + 1LM + 1Stb in letzten LM-Bogen

R 43: 4LM + 1Stb in den ersten LM-Bogen, 33Stb, 3x (1LM + 1M überspr, 1Stb, 3Stb in nächsten LM-Bogen, 1Stb, 1LM + 1M überspr, 22Stb), 1LM + 1M überspr, 1Stb, 3LM in nächsten LM-Bogen, 1Stb, 1LM + 1M überspr, 13Stb,
Spitze: 2Stb + 2LM + 2Stb,
13Stb, 3x (1LM + 1M überspr, 1Stb, 3Stb in nächsten LM-Bogen, 1Stb, 1LM + 1M überspr, 22Stb), 1LM + 1M überspr, 1Stb, 3Stb in nächsten LM-Bogen, 1Stb, 1LM + 1M überspr, 33Stb, Ende: 1Stb + 1LM + 1Stb in letzten LM-Bogen

R 44: 4LM + 1Stb in den ersten LM-Bogen, 36Stb, 3x (1LM + 1M überspr, 2Stb in 1M, 1LM + 1M überspr, 26Stb) 1LM + 1M überspr, 2Stb in 1M, 1LM + 1M überspr, 17Stb
Spitze: 2Stb + 2LM + 2Stb
17Stb, 3x (1LM + 1M überspr, 2Stb in 1M, 1LM + 1M überspr, 26Stb), 1LM + 1M überspr, 2Stb in 1M, 1LM + 1M überspr, 36Stb, Ende: 1Stb + 1LM + 1Stb in letzten LM-Bogen

R 45: 4LM + 1Stb in den ersten LM-Bogen, 38Stb, 3x (2Stb zus.abgem., 28Stb), 2Stb zus.abgem., 20Stb
Spitze: 2Stb + 2LM + 2Stb
20Stb, 3x (2Stb zus.abgem., 28Stb), 2Stb zus.abgem., 38Stb, Ende: 1Stb + 1LM + 1Stb in letzten LM-Bogen

R 46 + 47: wie R 28 + 29

R 48 + 49 + 50 + 51: wie R 17

R 52 + 53: wie R 21

Im Anschluss mit 1LM abmaschen, Fäden verknoten und vernähen, fertig.

Süßes Häschen

Material:

- Je 1 x „Caprice" in weiß und pink (von Rellana; 50g/137m; erhältlich über meinen Shop auf www.romyfischer.de)
- Sicherheitsaugen in blau, Durchmesser 10mm; Sicherheitsnase in rosa, Breite 9,5mm
- Füllwatte
- Häkelnadel 3,5
- Schere und Wollnadel

Größe: ca. 26cm

Beine (weiß; 2x)

Rd 1: 6fM in einen Fadenring häkeln und zuziehen (6M)
Rd 2: alle M verdoppeln (12M)
Rd 3-17: 12fM (12M)
Nur das erste Bein wird abgemascht, das zweite Bein verbleibt am Arbeitsfaden, jedoch findet nach der letzten Rd am zweiten Bein ein Farbwechsel zu pink statt, da es nun in den Körper übergeht.

Körper

Rd 1: nimm das erste Bein zur Hand und beginne in pink 12fM zu häkeln, im Anschluss 12fM in pink im zweiten Bein (24M)
Rd 2-13: 24fM (24M)
Wichtig: in Rd 7 werden die fM ausschließlich ins hintere M-Glied gehäkelt!
Beine und Körper beginnen, mit Watte zu füllen; Farbwechsel in weiß
Rd 14: 6x (2M zus.abgem., 2fM) (18M)
Rd 15: 6x (2M zus.abgem., 1fM) (12M)
Watte nachstopfen, bis der Körper ausreichend gefüllt ist
Rd 16: 6x 2M zuss.abgem. (6M)
Abmaschen, Öffnung zunähen

Kleid (pink)

Für das Kleid mit pink 1M an beliebiger Stelle in Rd 7 des Körpers befestigen (in der Rd, in der ins hintere M-Glied gehäkelt wurde; den Körper auf den Kopf gedreht halten). 3LM häkeln (zählt als 1. Stb), daraufhin in jede M 1Stb häkeln (durchgehend durch das vordere M-Glied häkeln) und mit 1KM durch die 3. LM vom Anfang zur Rd schließen.

Rd 2: 3LM + Stb (alle M veroppeln = 48M), mit 1KM in die 3. LM vom Anfang zur Rd schließen

Rd 3-6: 3LM, 48Stb, mit 1KM in die 3. LM vom Anfang zur Rd schließen

Abmaschen, Fäden vernähen

Arme (weiß; 2x)

Rd 1: 6fM in einen Fadenring häkeln und zuziehen (6M)
Rd 2: 3x (1fM, 1DM) (9M)
Rd 3-15: 9fM (9M)

Nun die Arme mit Watte füllen; jedoch nur zur Hälfte, damit der Arm nicht seitlich vom Körper absteht

Rd 16: 3x (2M zus.abgem., 1fM) (6M)

Abmaschen, Öffnung zunähen und anschließend seitlich oben am Körper annähen

Kopf (weiß)

Rd 1: 6fM in einen Fadenring häkeln und vorsichtig schließen (6M)
Rd 2: alle M verdoppeln (12M)
Rd 3: 6x (1fM, 1DM) (18M)
Rd 4: 6x (2fM, 1DM) (24M)
Rd 5: 6x (3fM, 1DM) (30M)
Rd 6-11: 30fM (30M)
Rd 12: 6x (2M zus.abgem., 3fM) (24M)
Rd 13: 6x (2M zus.abgem., 2fM) (18M)

Nun die Sicherheitsaugen feststecken: in Rd 7, zwischen den Augen 4M Platz lassen; die Nase wird in Rd 9 mittig zwischen den Augen festgesteckt.

Rd 14: 6x (2M zus.abgem., 1fM) (12M)
Rd 15: 6x 2M zus.abgem. (6M)

Abmaschen und einen längeren Faden lassen, mit dem du den Kopf annähst. Zur Sicherheit ist es besser, den Kopf über mehrere Rd am Körper anzunähen. Somit verhindert man, dass daraus ein „Wackeldackel" entsteht. Zunächst innerhalb der letzten Rd des Kopfes und des Körpers nähen, in der nächsten Rd den Radius ein wenig erweitern. Dadurch sitzt der Kopf später fest auf dem Körper, und es besteht weniger die Gefahr, dass er zur Seite kippt. Bestenfalls nähst du 2-3 Rd.

Ohren (weiß; 2x)

Rd 1: 6fM in einen Fadenring häkeln und zuziehen (6M)
Rd 2: 6fM (6M)
Rd 3: 3x (1fM, 1DM) (9M)
Rd 4: 9fM (9M)
Rd 5: 3x (2fM, 1DM) (12M)
Rd 6-13: 12fM (12M)

Abmaschen, in der Mitte oben der Öffnung zusammenfalten und mit ein paar Stichen fixieren. Anschließend seitlich oben am Kopf annähen.

Schleife (pink)

18LM mit 1KM zur Rd schließen und 4 Rd fM häkeln. Danach abmaschen und einen längeren Faden dran lassen. Mit diesem in der Mitte mehrfach fest umwickeln, bis die Schleife entstanden ist. Anschließend den Faden auf der Rückseite festknoten und seitlich oben am Kopf bzw. am linken Hasenohr annähen.

Ballonmütze mit Schirm

Material:

- 1 x Passion (von Rellana; Farbnr. 13; 150g/210m; erhältlich über meinen Shop auf www.romyfischer.de)
- Häkelnadel 7,0 + 8,0
- Schere und Wollnadel

Größe: für einen Kopfumfang bis ca. 54cm

Der Beginn wird mit Nadelstärke 8,0 gearbeitet.

Rd 1: in einen Fadenring 3LM (zählt als 1. Stb) und 14Stb häkeln, mit 1KM in die 3. LM vom Anfang zur Rd schließen

Rd 2: jede M verdoppeln, d.h. in jede M 2Stb häkeln, mit 3LM (zählt als 1. Stb) beginnen und mit 1KM in die 3. LM vom Anfang zur Rd schließen

Rd 3: 3LM (zählt als 1. Stb), 2 Relief-Stb von hinten; und stets im Wechsel: 1 Relief-Stb von vorne, 2 Relief-Stb von hinten, mit 1KM in die 3. LM vom Anfang zur Rd schließen

Rd 4: 3LM, alle M wie in Rd 3 häkeln, jedoch die Relief-Stb von hinten werden verdoppelt, also 2 Relief-Stb von hinten in 1M arbeiten, mit 1KM in die 3. LM vom Anfang zur Rd schließen

Rd 5: 3LM, alle M wie in Rd 3 häkeln, jedoch das 1. Und 4. Relief-Stb von hinten verdoppeln, mit 1KM in die 3. LM vom Anfang zur Rd schließen

Rd 6-9: 3LM, alle M wie in Rd 5 häkeln, nur komplett ohne Zunahmen, mit 1KM in die 3. LM vom Anfang zur Rd schließen

Rd 10: 3LM, alle M wie in Rd 6-9 häkeln, jedoch werden die 1. + 2., sowie die 5. + 6. Relief-Stb von hinten zusammen abgemascht (M abnehmen), mit 1KM zur Rd schließen

Rd 11: 3LM, alle M wie in Rd 6-9 häkeln, jedoch werden die beiden mittleren Relief-Stb von hinten zusammen abgemascht (M abnehmen), mit 1KM zur Rd schließen

Von nun an mit Nadelstärke 7,0 weiterhäkeln.

Rd 12-13: 1LM + 1fM in die gleiche M, durchgehend fM arbeiten, mit 1KM in die LM vom Anfang zur Rd schließen

Nun wird der Schirm gearbeitet – ebenfalls weiterhin mit Nadelstärke 7,0:

R 1: 16x 2fM in 1M arbeiten + 1 W-LM
R 2-6: 2M zus.abgem., Rest der R durchgehend fM + 1 W-LM

Im Anschluss 1 Rd fM um die gesamte Mütze herum, danach mit 1LM abmaschen, Fäden vernähen, fertig.

Das Schnorchel-Vieh

Material:

- 2x 50g „Adina" von Rellana in türkis, 1x in blau, Reste in hellgrau, weiß, schwarz und lila (erhältlich in meinem Shop auf www.romyfischer.de)
- Häkelnadel 2,5
- Füllwatte
- Schwarze Halbperlen, Durchmesser 10mm, künstliche Wimpern, Brummstimme
- Schere, Sekundenkleber und Wollnadel

Größe: ca. 22cm Höhe

Kopf/Körper (in türkis)

Rd 1: 6fM in einen Fadenring häkeln und vorsichtig schließen (6M)
Rd 2: alle M verdoppeln (12M
Rd 3: 6x (1fM, 1DM) (18M)
Rd 4: 6x (2fM, 1DM) (24M)
Rd 5: 6x (3fM, 1DM) (30M)
Rd 6: 6x (4fM, 1DM) (36M)
Rd 7: 6x (5fM, 1DM) (42M)
Rd 8: 6x (6fM, 1DM) (48M)
Rd 9: 6x (7fM, 1DM) (54M)
Rd 10: 6x (8fM, 1DM) (60M)
Rd 11: 6x (9fM, 1DM) (66M)
Rd 12: 6x (10fM, 1DM) (72M)
Rd 13-24: 72fM (72M)
Rd 25: 6x (2M zus.abgem., 10fM) (66M)
Rd 26: 6x (2M zus.abgem., 9fM) (60M)
Rd 27: 6x (2M zus.abgem., 8fM) (54M)
Den Kopf zeitig mit Watte füllen.
Rd 28: 6x (2M zus.abgem., 7fM) (48M)
Rd 29: 6x (2M zus.abgem., 6fM) (42M)

Rd 30: 6x (2M zus.abgem., 5fM) (36M)
Rd 31: 6x (2M zus.abgem., 4fM) (30M)
Rd 32: 6x (4fM, 1DM) (36M)
Rd 33: 6x (5fM, 1DM) (42M)
Rd 34: 6x (6fM, 1DM) (48M)
Rd 35: 6x (7fM, 1DM) (54M)
Rd 36: 6x (8fM, 1DM) (60M)
Rd 37: 6x (9fM, 1DM) (66M)
Rd 38: 6x (10fM, 1DM) (72M)
Rd 39-55: 72fM (72M)
Rd 56: 6x (2M zus.abgem., 10fM) (66M)
Rd 57: 6x (2M zus.abgem., 9fM) (60M)
Rd 58: 6x (2M zus.abgem., 8fM) (54M)
Rd 59: 6x (2M zus.abgem., 7fM) (48M)
Rd 60: 6x (2M zus.abgem., 6fM) (42M)

Den Körper zeitig mit ausreichend Watte füllen und auch die Brummstimme einfügen. Darauf achten, dass die Brummstimme auf dem Kopf steht, damit sie ertönt, sobald man das Schnorchel-Vieh zunächst auf den Kopf gedreht und dann wieder zurückdrehen lässt.

Rd 61: 6x (2M zus.abgem., 5fM) (36M)
Rd 62: 6x (2M zus.abgem., 4fM) (30M)
Rd 63: 6x (2M zus.abgem., 3fM) (24M)
Rd 64: 6x (2M zus.abgem., 2fM) (18M)
Rd 65: 6x (2M zus.abgem., 1fM) (12M)
Rd 66: 6x 2M zus.abgem. (6M)
Abmaschen, Öffnung schließen

Ohren (türkis; 2x)

Rd 1: 6fM in einen Fadenring häkeln und vorsichtig schließen (6M)
Rd 2: alle M verdoppeln (12M)
Rd 3: 6x (1fM, 1DM) (18M)
Rd 4: 6x (2fM, 1DM) (24M)
Rd 5-10: 24fM (24M)
Rd 11: 6x (2M zus.abgem., 2fM) (18M)
Rd 12: 18fM (18M)
Rd 13: 6x (2M zus.abgem., 1fM) (12M)
Rd 14: 12fM (12M)
Abmaschen, in der Mitte oben der Öffnung zusammenfalten und mit ein paar Stichen fixieren. Anschließend seitlich oben am Kopf annähen.

Schnorchel (türkis)

Rd 1: 6fM in einen Fadenring häkeln und vorsichtig schließen (6M)
Rd 2: alle M verdoppeln (12M)
Rd 3-9: 12fM (12M)
Rd 10: 6x (1fM, 1DM) (18M)
Rd 11 + 12: 18fM (18M)
Rd 13: 6x (2fM, 1DM) (24M)
Rd 14-17: 24fM (24M)
Rd 18: 6x (2M zus.abgem., 2fM) (18M)
Rd 19 + 20: 18fM (18M)
Rd 21: 6x (2M zus.abgem., 1fM) (12M)
Rd 22-28: 12fM (12M)
Abmaschen, die vordere Hälfte in die andere Hälfte stülpen, so dass ein Schnorchel entsteht, diesen anschließen mittig im Gesicht annähen.

Arme & Beine (türkis; 4x)

Rd 1: 6fM in einen Fadenring häkeln und vorsichtig schließen (6M)
Rd 2: alle M verdoppeln (12M)
Rd 3: 6x (1fM, 1DM) (18M)
Rd 4: 6x (2fM, 1DM) (24M)
Rd 5-17: 24fM (24M)
Rd 18: 6x (2M zus.abgem., 2fM) (18M)
Rd 19: 18fM (18M)
Rd 21: 6x (2M zus.abgem., 1fM) (12M)
Rd 22: 12fM (12M)
Abmaschen, mit Watte füllen und zusammennähen, anschließend am Körper festnähen.

Zacken (blau; 3x)

Rd 1: 6fM in einen Fadenring häkeln und die Runde schließen (6M)
Rd 2: 3x (1fM, 1DM) (9M)
Rd 3: 9fM (9M)
Rd 4: 3x (2fM, 1DM) (12M)
Rd 5: 12fM (12M)
Rd 6: 3x (3fM, 1DM) (15M)
Rd 7: 15fM (15M)
Rd 8: 3x (4fM, 1DM) (18M)
Rd 9: 18fM (18M)
Rd 10: 3x (5fM, 1DM) (21M)
Rd 11: 21fM (21M)
Abmaschen, flach zu einem Dreieck zusammendrücken und die Öffnung zunähen. Im Anschluss am Hinterkopf annähen.

Fühler (hellgrau; 2x)

Rd 1: 6fM in einen Fadenring häkeln und die Runde schließen (6M)
Rd 2-7: 6fM (6M)
Abmaschen und oben am Kopf (vorne/mittig) annähen

Augen (2x)

In weiß beginnen
Rd 1: 6fM in einen Fadenring häkeln und vorsichtig schließen (6M)
Rd 2: alle M verdoppeln (12M)
Rd 3: 6x (1fM, 1DM) (18M)
Rd 4-6: 18fM (18M)
Farbwechsel in lila
Rd 7 + 8: 18fM (18M)
Rd 9: 6x (2M zus.abgem., 1fM) (12M)
Rd 10: 6x 2M zus.abgem. (6M)
Abmaschen und am Kopf annähen. Mit schwarz einen dicken Lidstrich sticken (mit mehreren Stichen; direkt an der Stelle, an der weiß und lila aufeinandertreffen); im Anschluss die schwarzen Halbperlen aufkleben und die Wimpern am Lidstrich ankleben.

Rock Missy

Material:

- Für Gr. 36/38 benötigst du 1 Bobbel „Green Tea Tipple" (von Whirl/Scheepjes; Farbnr. 754; 215g/1.000m = insgesamt 1.000m; erhältlich über meinen Shop auf www.romyfischer.de); für weitere Doppelgrößen solltest du weitere 500m
- Häkelnadel 4,0
- Schere und Wollnadel

Größe: 35cm Höhe (bei Gr. 36/38, variiert je nach Größe und Bedarf)

Der Rock wird mit einer gehäkelten Kordel verschlossen. Hierfür beginnst du zunächst, eine LM-Kette zu häkeln, die lang genug ist, dass du sie 1x um dich herum wickeln und mit einer Schleife verschließen kannst. Beide Enden werden mit mehreren übereinander liegenden Knoten verschlossen, so dass ein dickerer „Knubbel" entsteht. Erst dann werden die Fadenenden abgeschnitten.

Die M.zahl muss teilbar sein durch 4

Der Rock wird von oben nach unten gehäkelt.

Für diesen Rock insgesamt 160LM häkeln (für Gr. 36/38; die LM-Kette sollte lang genug sein, dass man sie um die Hüften herum legen kann, ohne sie dabei zu spannen. daraufhin mit 1KM zur Rd schließen.

Rd 1: 3LM, die ganze Rd Stb häkeln, mit 1KM in die 3. LM vom Anfang zur Rd schließen

Rd 2: 3LM, 2Stb, 1LM + 1M überspr, *3Stb, 1LM + 1M überspr, ab * wdh, Ende mit 1KM in die 3. LM vom Anfang (durch diese Lücken, die entstehen, wird später nach Abschluss der Arbeit die Kordel durchgefädelt)

Rd 3: 3LM, in jede M 1Stb, also in jedes Stb der Vorrunde und durch jede LM der Vorrunde, Ende mit 1KM in die 3. LM vom Anfang

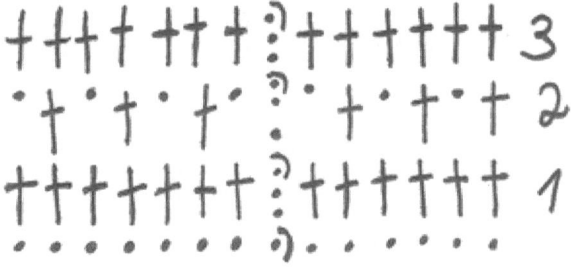

- = Luftmasche

∩ = Kettmasche

† = Stäbchen

Rd 4-8: 3LM, in jede M 1Stb, Ende mit 1KM in die 3. LM vom Anfang

Rd 9: 5LM + 4Stb (in die gleiche M, aus der die LM entsprungen sind), *1M überspr, (In die gleiche M: 1Stb + 2LM + 4Stb), ab * wdh, Ende mit 1KM in die 3. LM vom Anfang

Rd 10: 3LM + 3Stb + 2LM + 1Stb in den LM-Bogen, *in den nächsten LM-Bogen: 4Stb + 2LM + 1Stb, Ende mit 1KM in die 3. LM vom Anfang

Rd 11: in jedes der 3 weiteren Stb je 1KM häkeln, in den LM-Bogen ebenfalls 1KM, 5LM + 4Stb in den LM-Bogen, *in den nächsten LM-Bogen: 1Stb + 2LM + 4Stb, ab * wdh, Ende mit 1KM in die 3. LM vom Anfang

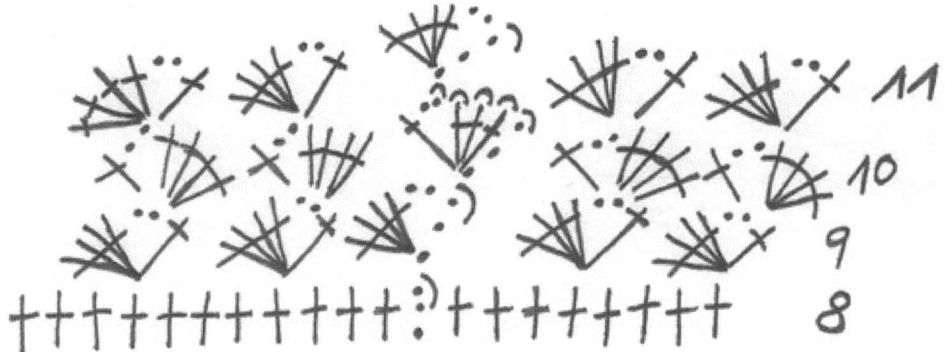

• = Luftmasche

∩ = Kettmasche

✝ = Stäbchen

Die Runden 10 und 11 werden stets wiederholt.
Bei Gr. 36/38 habe ich bis einschließlich Rd 30 gehäkelt, danach die Abschlussrunde/Borte gehäkelt.
In der Abschlussrunde werden in die LM-Bögen insgesamt 9Stb gearbeitet (in den ersten Bogen = 3LM + 8Stb), ohne LM zwischen die einzelnen Stb-Gruppen, Ende mit 1KM in die 3. LM vom Anfang. Anschließend abmaschen und Fäden vernähen. Kordel einfädeln, fertig.

Shirt / Kleid

Material:

- Für Größe 36/38 benötigst du 1 Bobbel „Brambleberry" (von Whirl/Scheepjes; Farbnr. 783; 215g/1.000m; erhältlich über meinen Shop auf www.romyfischer.de; für jede weitere Doppelgröße sollten mindestens 300 weitere Laufmeter einkalkuliert werden bzw. einen halben weiteren Bobbel)
- Häkelnadel 4,0
- Schere und Wollnadel

Größe: 36/38 (für andere Größen anpassbar); 105cm Länge

Das Shirt/Kleid wird in Runden von oben nach unten gehäkelt. Es kann, je nach Länge, einerseits als Shirt getragen werden, oder man arbeitet ein Kleid daraus, indem man einfach einige Runden mehr häkelt.

Die M.zahl muss teilbar sein durch 4. Die Anzahl der LM ist unabhängig von der Konfektionsgröße, sondern hat damit zu tun, wie tief man den Ausschnitt haben möchte. Deshalb kann man bei Gr. 40/42 durchaus auch mit der gleichen Anzahl an LM starten, wie bei Gr. 36/38. Man sollte dies testen, ob man mit dem Ausschnitt zufrieden ist, indem man die genannte LM-Zahl häkelt, sich um den Hals/über die Schultern legt und vor dem Spiegel schaut, ob der Ausschnitt einem zusagt. Der Ausschnitt am Rücken ist die gleiche Höhe bzw. Tiefe wie vorne am Dekolletee.

Ich habe für mein Kleid (in diesem Beispiel für Gr. 36/38 gehäkelt) insgesamt 112LM gearbeitet und mit 1KM zur Rd geschlossen. Darauf achten, dass die LM-Kette nicht ineinander verdreht ist.

<u>Hinweis:</u> 3Stb zusammen in 1M bzw. in 1LM-Bogen wird hier als Stb-Gruppe bezeichnet.

Rd 1: 3LM (zählt als 1Stb), durchgehend Stb häkeln (in jede LM = 1Stb), am Ende mit 1KM in die 3. LM vom Anfang zur Rd schließen

Rd 2: 3LM (zählt als 1Stb) + 2Stb in die gleiche M unten von den 3LM + 2LM + 3Stb in die gleiche M unten von den 3LM (= Ecke), 1LM + 3M überspr, *1 Stb-Gruppe in 1M, 1LM + 3M überspr, ab * 6x wdh, dann die nächste Ecke: 1 Stb-Gruppe + 2LM + 1 Stb-Gruppe in 1M, 5x (1Stb-Gruppe in 1M, 1LM + 1M überspr.), Ecke: 1Stb-Gruppe in 1M + 2LM + 1Stb-Gruppe, 7x (1Stb-Gruppe in 1M, 1LM + 3M überspr.), Ecke: 1Stb-Gruppe in 1M + 2LM + 1Stb-Gruppe, 5x (1Stb-Gruppe in 1M, 1LM + 3M überspr.), Ende mit 1KM in die 3. LM vom Anfang zur Rd schließen

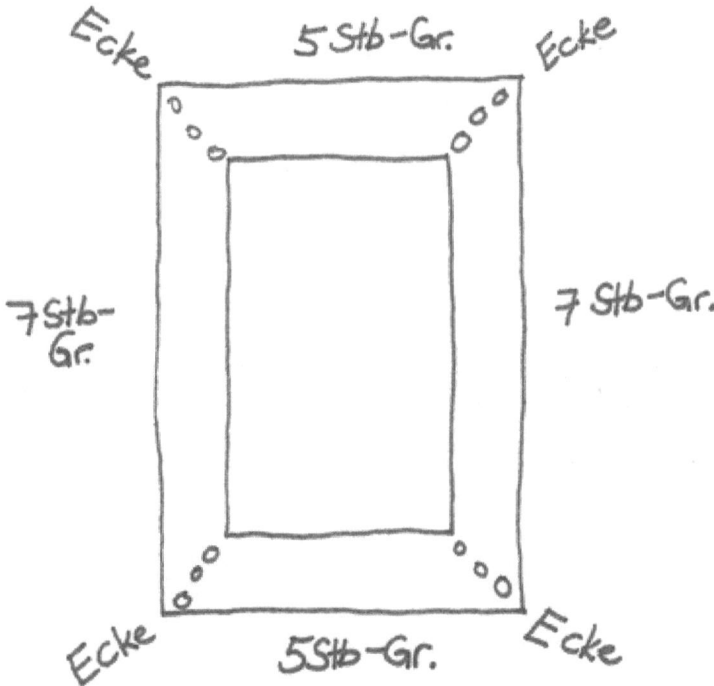

Von jetzt an wird nur noch durch die LM-Bögen gehäkelt, nicht mehr durch einzelne Maschen (außer bei KM).

Ab Rd 3: Je 1KM durch die nächsten 2Stb + 1 weitere KM durch den LM-Bogen, 3LM + 2Stb + 2LM + 3Stb in den gleichen LM-Bogen (Ecke), 1LM, in jeden weiteren LM-Bogen je 1Stb-Gruppe + 1LM, in jede Ecke: 1Stb-Gruppe + 2LM + 1Stb-Gruppe), Ende immer mit 1KM in die 3. LM vom Anfang, die nächste Rd immer mit je 1 weiteren KM in die nächsten 2Stb beginnen + 1 weitere KM in den nächsten LM-Bogen

Und so häkelst du immer weiter – das Shirt/Kleid wird dadurch immer größer. Auf diese Art und Weise kannst du es an jede beliebige Größe anpassen. Mit jeder weiteren Rd nimmst du weitere Stb-Gruppen zu und vergrößerst es entsprechend. Um zu schauen, ob es irgendwann deiner Größe entspricht, und du dann die Armausschnitte häkeln kannst, solltest du es bei Zeiten einmal testen, indem du es über den Kopf ziehst und über die Schultern legst. Vor dem Spiegel kannst du dann genauer schauen und prüfen, ob du noch weitere Rd häkeln musst, oder ob es schon passend ist. Passend ist es dann, wenn sich die Spitzen der Ecken unter den Schultern berühren, ohne dass es an den Schultern und an der Oberweite zieht und spannt.

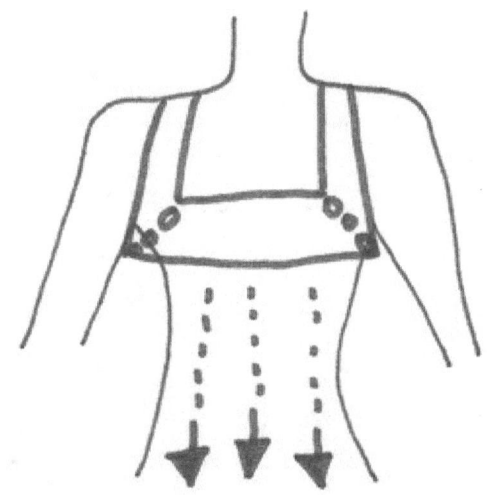

Bei meiner Beispielgröße 36/38 habe ich insgesamt bis einschl. Rd 14 gehäkelt, um dann zu den Armausschnitten zu gelangen. Da jede Frau anders gebaut ist, solltest du auch bei Gr. 36/38 prüfen, ob es für dich in der gleichen Rd bei Rd 14 passt, oder ob dir die Armausschnitte dann zu groß oder klein wären.

Zu den Armausschnitten:

Das Häkelstück wird übereinandergelegt und gefaltet, wenn man an der nächsten Ecke angekommen ist. Das Muster wird genauso weitergehäkelt, jedoch wird in die Ecken nur noch 1Stb-Gruppe + 1LM gehäkelt, wie in alle anderen LM-Bögen auch. Dann wird die komplette Seite, die später auf der Schulter liegen wird, übergangen und in die nächste Ecke 1Stb-Gruppe gehäkelt. Die Vorder- bzw. Rückseite des Shirts/Kleids wird wie bisher weitergeführt, bis zur nächsten Ecke. Darin wieder nur 1Stb-Gruppe häkeln + 1LM, die komplette (Schulter-)Seite übergehen, zur letzten Ecke gehen, darin 1Stb-Gruppe häkeln + 1LM, die Rd bis zum Ende wie bisher häkeln.

Die Armausschnitte werden von jetzt an nicht mehr behäkelt, nur noch die neue Rd, die sich daraus ergeben hat. Einfach dem bisherigen Muster weiter folgen, so weit bzw. so viele Rd, wie entweder das Garn hergibt, oder aber bis deine gewünschte Länge entstanden ist (ja nachdem, ob Shirt oder Kleid).

Abschließend mit 1LM abmaschen, Faden verknoten und vernähen.

Handtuchhalter

Material:

- Je 1x 50g „Tonja" in marine, royal, türkis (von Rellana; 100% Baumwolle, 50g/85m; erhältlich in meinem Online-Shop auf www.romyfischer.de)
- Prym Taschengriff „Keiko", alternativ einen anderen stabilen Ring (Plastik oder Bambus/Holz); Durchmesser 23cm
- Schere und Wollnadel

Größe: Durchmesser des Rings 23cm, Gesamthöhe 34cm

Du benötigst insgesamt 4 Quadrate.

4LM mit 1KM zur Rd schließen

Rd 1: 3LM, 15Stb, mit 1KM in die 3. LM vom Anfang zur Rd schließen (die KM bereits mit der anderen Farbe arbeiten)

Rd 2: 3LM + 6Stb in die gleiche M, 1LM, 3M überspr, 3x (7Stb in die gleiche M, 1LM, 3M überspr), Ende: 1KM in die 3. LM vom Anfang, abmaschen

Rd 3: mit neuer Farbe in das 5. Stb einer Stb-Gruppe einfädeln (mit 1LM), *3fM, 1fM um die LM der 2. Rd in das Stb der 1. Rd, 3fM, 3fM in das mittlere Stb der Stb-Gruppe, ab * wdh, Ende mit neuer Farbe: 1KM in die LM vom Anfang

Rd 4: 1LM, *9fM, 3fM in die nächste fM der Vorrunde, ab * wdh, Ende: 1KM in die LM vom Anfang

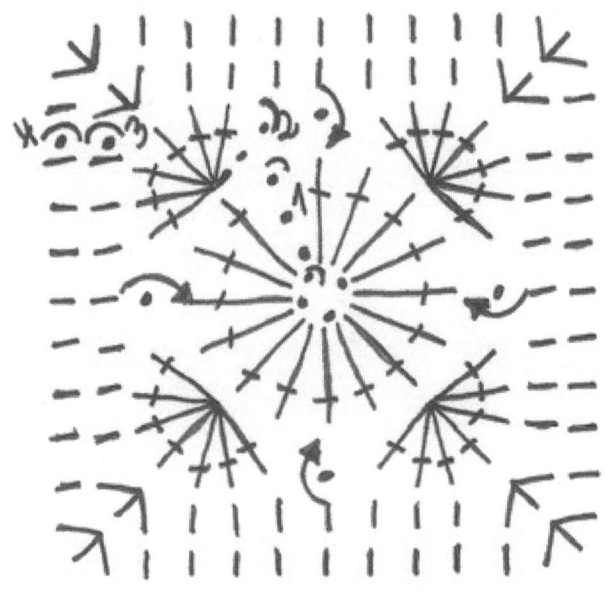

- • = Luftmasche
- ∩ = Kettmasche
- ı = feste Masche
- ✛ = Stäbchen

Nachdem du alle 4 Quadrate gehäkelt und die Fäden vernäht hast, nimmst du jeweils zwei und nähst sie aneinander. Daraufhin nimmst du ein Doppel, die Vorderseite oben liegend, setzt den Faden am Anfang der Reihe an und beginnst, 7 Reihen fM zu häkeln. Am Ende einer jeden Reihe 1 W-LM häkeln. Mit Beginn der 8. Reihe häkelst du das Stück mit dem anderen Doppel zusammen (mit fM). Im Anschluss schlägst du das Häkelstück einmal um den Ring, legst die beiden Doppel oben aneinander und verschließt den Häklumschlag ebenso mit fM. Nach der letzte fM insgesamt 26LM arbeiten und mit 1KM am anderen Ende befestigen. 1 Reihe 1fM in die LM-Kette arbeiten, 1KM in den Häkelumschlag, abmaschen, Fäden vernähen, fertig.

Nelkenstrauß

Material:

- Je 2x 50g Tonja in natur, lila, tanne (100% Baumwolle; 50/85m; erhältlich in meinem Shop auf www.romyfischer.de)
- Aluminiumdraht Durchmesser 2-3mm
- Vase oder Blumentopf
- Häkelnadel 3,5
- Schere und Wollnadel, ggf. Zange, um den Draht zuzuschneiden

Größe: 20cm

Blüten

Rd 1: in einen Fadenring 3LM + 12Stb häkeln und mit 1KM zur Rd schließen
Rd 2: 4LM, in jedes Stb der Vorrunde 5DStb arbeiten und mit 1KM zur Rd schließen – dabei nur ins vordere M-Glied häkeln, anschließend abmaschen, umdrehen und Rd 2 wdh, also, Faden einfädeln bzw. befestigen, 4LM und jeweils 5DStb in jedes Stb häkeln und mit 1KM zur Rd schließen

Stiel

6fM in einen Fadenring häkeln und durchgehend 6fM häkeln, bis das Grün so hoch ist, wie du für die Länge des Drahtes benötigst. Danach abmaschen, den Draht hineinschieben, Öffnung verschließen und die Blüte oben annähen.

Weitere Bücher

Viele weitere Bücher von mir gibt es bereits im Buchhandel – auch als E-Book:

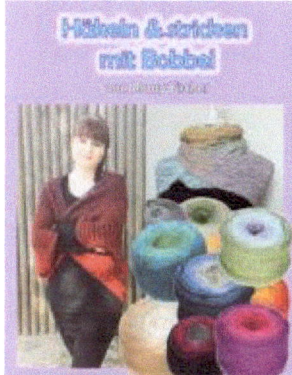  

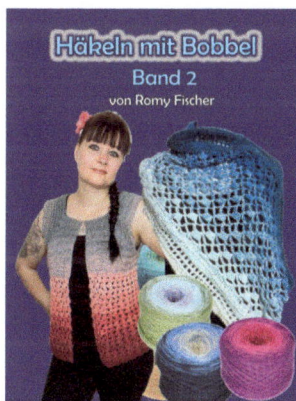 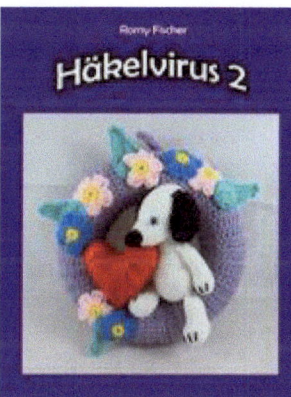 

Über mich

Ja, das bin dann wohl ich...

Zunächst möchte ich mich ganz herzlich bedanken, dafür dass du Interesse an meinen Modellen hast und dir die Zeit nimmst, sie nachzuarbeiten. Das ist für mich wirklich eine sehr große Ehre. Und ich hoffe, du hast deine Freude mit dem Ausarbeiten der Modelle und auch mit den Modellen selbst.

Was gibt es sonst über mich zu sagen...?
Ich bin im Jahr 1981 in Hannover geboren und war schon ein recht kreatives Kind, habe gerne gemalt, gebastelt, aber auch schon in sehr jungen Jahren mit meiner Großmutter zusammen Handarbeiten gemacht. Zunächst hat sie mir das Stricken beigebracht, das Häkeln habe ich mir später selbst beigebracht. Das Thema Handarbeiten begleitet mich also schon mein ganzes Leben. Später habe ich mein Fachabitur in Sozialwesen gemacht, was ich zunächst dann auch studiert habe. Eine zusätzliche Ausbildung zur Psychologischen Beraterin folgte.

Seit einigen Jahren arbeite ich als Autorin und Schriftstellerin. Folgende Bücher habe ich bereits veröffentlicht:

- Das Horrorskop
- Das Leiden einer jungen Ebay-Verkäuferin
- Panikattacke Deluxe. Angst & Panik? Einfach drüber lachen
- Die Anti-Psychiaterin (Hörbuch)
- Meine Mutter, ihre Persönlichkeitsstörung und ich (Hörbuch)

Privat bin ich in einer verrückten Hippie-Kommune untergekommen. Das bedeutet, ich werde freundlicherweise von 2 Katern geduldet, sofern ich die Miete zahle, die Dosen öffne und auch sonst alle Aufgaben im Haushalt übernehme.